COPPYRIGHTS

MW01206197

THiS BOOK BEIONGS TO

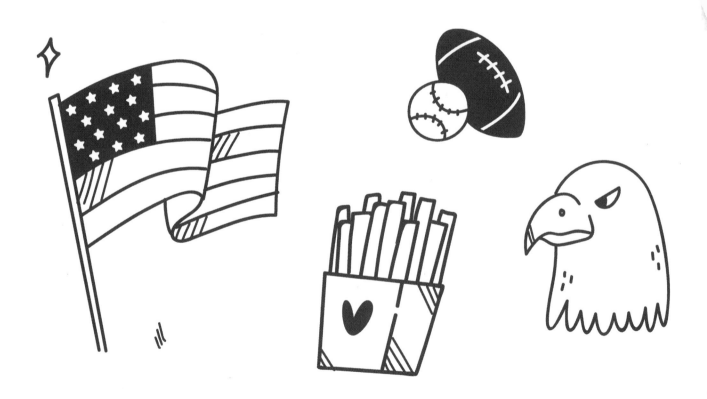

HAPPY BIRTHDAY AMERICA

4TH OF July

MAZE

4TH OF JULY TRIVIA

How many people were living in the United States of America on July 4, 1776? _____

How many state are there in the USA?

_____

The United States of America declared independence in what year?

_____

Who wrote the Declaration of Independence? _____

I SPY & COUNT IT

SEARCH THE STRATES

```
Z U M K A O N E W Y O R K X
T M V I R G I N I A W M M S
H O X S H O K L A H O M A M
B T X A R I Z O N A H Q V O
B Q K A N S A S P X O A B M
H I A M I S S I S S I P P I
Q X C Z K T M Y C L S B H A
P E N N S Y L V A N I A P X
J V U P L N E V A D A T U X
I A L A B A M A T K O W E O
M A S S A C H U S E T T S I
E T C Q W J S E N Z Q K M S
G Q X I O N E B R A S K A L
Z C H S E S G Z N Z J O Z F
L O U I S I A N A W T E O H
N C C D V N O V T E X A S A
```

PENNSYLVANIA   NEVADA   MISSISSIPPI
KANSAS   NEBRASKA   LOUISIANA
VIRGINIA   TEXAS   MASSACHUSETTS
OKLAHOMA   ALABAMA   ARIZONA

MAZE

4TH OF JULY TRADITIONS

Uncra mble the words!

RNFOEBI _____

RRIESARFECCK _____

SIRB _____

LBTEOT SKOECRT _____

WSFRIKORE _____

APKSRLRES _____

NAVLCAIR _____

GURBHSEMRA _____

SPOT RHE DIFFERENCT

Circle the 12 spots

SEARCH THE STRATES

B	F	M	I	N	N	E	S	O	T	A	C	G	J
M	Z	J	C	B	N	E	B	R	A	S	K	A	E
X	G	D	M	L	U	E	S	H	H	K	D	J	A
U	N	E	W	H	A	M	P	S	H	I	R	E	R
L	K	Z	M	C	I	P	Q	H	X	G	T	V	K
V	J	N	Y	O	G	T	N	Q	H	F	Y	I	A
N	A	O	W	N	N	D	I	S	I	X	B	R	N
E	L	R	I	N	X	T	D	K	Q	N	K	G	S
V	A	T	S	E	M	X	A	W	Q	E	V	I	A
A	S	H	C	C	I	K	H	N	S	W	H	N	S
D	K	D	O	T	S	J	O	T	A	J	S	I	V
A	A	A	N	I	S	K	F	O	C	E	R	A	C
W	B	K	S	C	O	L	Y	Z	X	R	N	Y	U
U	W	O	I	U	U	T	S	M	F	S	I	B	F
R	Y	T	N	T	R	J	Y	C	C	E	B	K	A
Q	K	A	A	W	I	P	K	X	P	Y	B	S	R

ARKANSAS   NORTHDAKOTA   NEWJERSEY
IDAHO   NEWHAMPSHIRE   NEBRASKA
ALASKA   MISSOURI   NEVADA
MONTANA   MINNESOTA   VIRGINIA
WISCONSIN   CONNECTICUT

SEARCH THE STRATES

```
L B B B P Y B W M D W O L M
Y T I B Q L O U I S I A N A
M Q Y N T X K A N S A S S Y
A M X E E V E J O R W J N I
R J Y W N O X U P Z E J C G
Y D R Y N H Q S H J S G E A
L T T O E W C Q G O T Z I Y
A U U R S A F M I E V N B V
N E U K S S T H Y K I X Z C
D Q B W E H O Y P G R T N O
T Y T Y E I J E R E G P Q B
R W B O G N J I G D I G S E
I F P M U G V N V Y N U I M
Y P U I U T H A W A I I N H
N L D N R O A I Q Z A K T U
H G B G P N M H T O S C K K
```

WESTVIRGINIA   WASHINGTON   MARYLAND
WYOMING   HAWAII   NEWYORK
UTAH   VIRGINIA   LOUISIANA
TENNESSEE   OHIO   KANSAS

4TH OF JULY TRADITIONS

Uncrmble the words!

MSEMUR   _____

NBIOETERACL   _____

OALHDIY   _____

LOMTRWEENA   _____

ALEPP PEI   _____

NROC NO TEH BCO   _____

OHT DOSG   _____

DBKAE NBESA   _____

4TH OF JULY TRADITIONS

Uncramble the words!

EGTANI TEOCTNS   _____

DAAEPR   _____

UBBECRAE   _____

MLAYFI REONUNI   _____

PCCINI   _____

ABLBALES   _____

TSLEAVFI   _____

POTTOA SAADL   _____

MAZE

SEARCH THE STRATES

```
O E S J R W E S O D N K O G
E Y Q G X I I O R A E E O U
A Q D E X S F U D R W N M U
C G V O A C M T C K J T A I
D I Y R G O I H A C E U I R
Q O N G G N C C L H R C N P
O W K I Z S H A I B S E K E
X A V A I I I R F A E Y L A
O O E Z L N G O O I Y T G E
K R R M L E A L R T H U T I
L E M S I B N I N Q M Z I M
A G O O N R N N I K Y K S K
H O N F O A C A A V A Q N S
O N T R I S Z V P U I Q N I
M F F E S K D R Z F V U H P
A V K Y P A J J J Y T T J W F
```

NEWJERSEY
WISCONSIN
MAINE
MICHIGAN
IOWA

OREGON
VERMONT
OKLAHOMA
GEORGIA
ILLINOIS

KENTUCKY
NEBRASKA
SOUTHCAROLINA

I SPY & COUNT IT

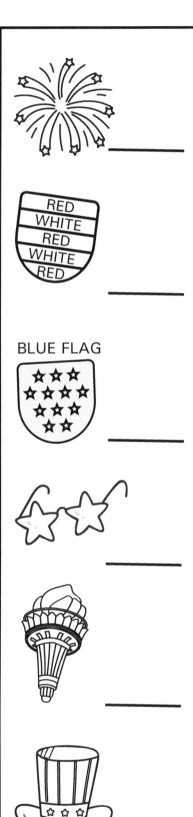

RED
WHITE
RED
WHITE
RED

BLUE FLAG

Color By Number
1 Red
2 Yellow
3 Blue

HISTORY OF INDEPENDENCE DAY

```
X E N M E D A B D N S D L D
L I G S V B T Y F Q U P C S
I F M I I J Z E L M O O A E
L P M N F H N N E W L E J P
Z D I A F Y R G M H D F B I
X N D C O T U L G Z G R I R
R A E I E N P A O C L E S T
K L L L E G H N V M O E T S
W S A B T I H D E A R D J D
D I W U T E P B R S Y O P N
B E A P I R T B N E F M N A
A D R E M E H I M L S X P S
S O E R M V L S E C W K T R
U H B K O O F O N N Y R X A
F R O U C S R I T U A C Y T
A I G R O E G Y H F F F D S
```

DELAWARE

COMMITTEE OF FIVE

FREEDOM

GEORGIA

STARS AND STRIPES

UNCLE SAM

ENGLAND

REPUBLICANISM

OLD GLORY

GOVERNMENT

USA

SOVEREIGNTY

RHODE ISLAND

BALD EAGLE

MAZE

HISTORY OF INDEPENDENCE DAY

```
C  R  P  Q  N  H  G  B  E  M  S  Y  C  V
D  E  U  I  L  F  G  A  T  S  V  R  A  O
R  V  G  J  Y  N  O  H  V  E  A  O  P  F
N  O  J  D  N  A  D  P  C  V  L  T  I  Y
O  L  R  E  V  M  B  H  J  I  R  S  T  L
T  U  G  A  R  R  L  I  A  T  N  I  O  G
G  T  E  I  A  E  E  L  M  A  B  H  L  V
N  I  O  N  W  H  S  A  E  T  I  D  B  Q
I  O  R  I  H  S  S  D  S  N  S  M  U  T
H  N  G  G  H  R  A  E  M  E  F  A  I  Y
S  A  E  R  G  E  M  L  A  S  O  R  L  T
A  R  Q  I  R  G  E  P  D  E  E  Y  D  T
W  Y  V  V  W  O  R  H  I  R  S  L  I  V
N  E  B  K  R  R  I  I  S  P  U  A  N  N
T  Y  L  S  L  A  C  A  O  E  O  N  G  O
C  V  Y  S  S  C  A  S  N  R  H  D  C  D
```

REVOLUTIONARY	HISTORY	JAMES MADISON
WAR	HOUSE OF	PHILADELPHIA
GEORGE	REPRESENTATIVES	CAPITOL BUILDING
WASHINGTON	ROGER SHERMAN	GOD BLESS
MARYLAND	VIRGINIA	AMERICA

HISTORY OF INDEPENDENCE DAY

```
E  W  A  S  H  I  N  G  T  O  N  D  C  H
G  J  B  Q  W  W  G  J  L  V  P  L  W  C
R  O  K  P  N  P  I  F  O  B  E  T  P  O
O  H  S  E  I  N  O  L  O  C  P  D  S  N
F  N  U  N  I  T  E  D  S  T  A  T  E  S
Y  H  A  N  N  J  P  N  F  Q  G  L  N  T
E  A  E  S  O  X  U  X  D  B  H  B  A  I
L  N  T  Y  T  G  J  L  B  R  F  U  T  T
L  C  D  L  G  V  U  V  Y  S  Q  N  E  U
A  O  T  V  N  P  R  E  S  I  D  E  N  T
V  C  P  A  I  Y  K  P  V  E  E  M  C  I
E  K  S  N  X  J  X  Z  U  N  O  O  W  O
A  U  B  I  E  P  D  H  L  E  V  M  H  N
U  W  Q  A  L  K  R  B  K  O  I  N  G  N
Q  W  S  T  A  T  E  S  D  Y  K  Q  I  G
S  M  A  D  A  L  E  U  M  A  S  N  S  B
```

STATES	LEXINGTON	JOHN HANCOCK
JOHN ADAMS	PRESIDENT	PENNSYLVANIA
WASHINGTON DC	COLONIES	CONSTITUTION
UNITED STATES	VALLEY FORGE	SENATE
SAMUEL ADAMS		JULY

EXTRA DIFFICULT MAZE!

4TH OF JULY TRIVIA

What were the colors of the first flag?

_____

What's the nickname of the

American flag? _____

Which city was the first to celebrate Independence

Day on July 4th? _____

Name 5 Americanwild animals?

_____

_____

_____

_____

_____

SPOT RHE DIFFERENCT

Circle the 10 spots

MAZE

HISTORY OF INDEPENDENCE DAY

```
J L K J Q E V N B A J I J S
S S O R Y S T E B N N Y B T
F S S T T L H T I D O U O H
S N A O N B R M E B U Y N G
C V E S Y E A P U A V K J I
O O A J A J E Y X X K X S R
N Z W S N N I L K N A R F F
C O O E D B X C U O L B W O
O N B E S S E R G N O C Y L
R Y N L I B E R T Y B E L L
D C L L A H V F F G Y L O I
E T U C I T C E N N O C N B
V B Q W H I T E H O U S E Q
A M E R I C A L A W B A U C
J L J Y I E C E L Z J G O O
X E J C M S R P R K Z H V L
```

TREASON	LIBERTY BELL	BETSY ROSS
CONGRESS	BENJAMIN	AMERICA
CONCORD	FRANKLIN	BILL OF RIGHTS
CONNECTICUT	WHITE HOUSE	INDEPENDENCE
		HALL

History of Independence Day

J	W	Y	J	N	T	Q	J	J	N	M	Z	C	R
S	V	M	S	X	W	P	D	L	O	E	V	T	W
S	D	R	E	B	D	A	X	J	S	H	W	E	P
T	Q	A	M	V	G	T	P	C	R	T	L	L	A
A	I	L	R	E	F	R	R	S	E	N	I	D	T
M	N	A	C	C	C	I	E	N	F	A	B	O	Y
P	D	T	O	N	O	O	Z	O	F	L	E	O	N
A	E	N	N	E	N	T	C	I	E	A	R	D	O
C	P	E	G	D	T	A	K	T	J	N	T	E	I
T	E	N	R	I	I	J	D	A	S	O	Y	E	T
R	N	I	E	V	N	T	R	T	A	I	O	K	U
L	D	T	S	O	E	Z	E	N	M	T	B	N	L
Z	E	N	S	R	N	D	Y	A	O	A	O	A	O
I	N	O	B	P	T	W	C	L	H	N	O	Y	V
Y	C	C	J	J	A	X	I	P	T	J	B	M	E
G	E	Y	H	P	L	O	V	G	H	R	P	F	R

CONTINENTAL ARMY   YANKEE DOODLE   PATRIOT
REVOLUTION   INDEPENDENCE   LIBERTY
NATIONAL ANTHEM   STAMP ACT   PROVIDENCE
CONTINENTAL   THOMAS   PLANTATIONS
CONGRESS   JEFFERSON

WORD SCRAMBLE HINT

Apple pie
Corn on the cob
Hot dogs
Baked beans
Eating contest
Parade
Barbecue
Family reunion
Picnic
Baseball
Festival
Watermelon
Potato salad
Bonfire
Firecrackers
Ribs
Bottle rockets
Fireworks
Sparklers
Carnival
Hamburgers
Summer
Celebration
Holiday

THE DIFFICULT MAZE SOLUTION